向世界學習

緊貼環球發展
開拓青年視野

全球經濟一體化下，地球村面對不同挑戰和機遇。社會如何更有效培育青年成為富承擔、有熱誠，並具國際視野的明日領袖，相信是世界各地共同關注的課題。

香港青年協會領袖學院設有五所院校，通過為青年提供專業及多元化的領袖培訓，協助他們提升自己，貢獻社會。其中環球領袖發展院校致力培育出色及具全球視野的優秀青年，更透過「環球領袖訓練計劃」，開展一系列「Leaders to Leaders」重點項目，提供與海外領袖交流機會，讓本地青年領袖以宏觀角度思考香港以至全球議題。同時，藉各式共創活動（co-creation project），為社區及世界帶來正面影響。

《向世界學習》一書結集 16 個故事，由青年、家長、教育工作者及企業家的角度，探討如何培育青年成為環球領袖。當中包括專訪四位衝出香港，到地球另一角冒險的年輕學徒，道出不一樣的海外實習經驗。此外，三位環球青年領袖更分享他們以可持續營運商業模式關愛社會的經

歷，以凸顯環球領袖需要具備的條件，鼓勵青年向世界學習、與國際接軌，作出更大建樹。

本會衷心感謝香港賽馬會慈善信託基金贊助，推行「賽馬會環球領袖訓練計劃」，以建立青年間的國際連繫，培育青年全球視野、領袖技巧，以及為社會帶來正面改變的決心。

香港儘管是彈丸之地，但只要我們敢想像、敢創新，勇於向世界學習，每個人都可發揮領導潛能，讓社會以至世界變得更好。

何永昌
香港青年協會總幹事
二零一九年七月

目錄

前言

翻開世界之書

「讀萬卷書，不如行萬里路」，不少人希望藉著深度遊、遊學等途徑去認識世界各國、各民族的文化，並從中有所體會及啟發。香港青年協會領袖學院（前稱青年領袖發展中心）自 2004 年起邀請本地領袖，到現時透過「香港青年協會賽馬會環球領袖訓練計劃」邀請環球青年領袖來港與青年協作分享。即使未有「行萬里路」，青年在港亦可與世界各地的青年領袖學習。

其中，Leaders to Leaders 旨在連繫海外及本地青年領袖，互相啟發及協作。每年有 9 至 12 位獲世界銀行、聯合國、One Young World、福布斯及其他知名海外機構肯定的環球青年領袖受邀來港，為青年提供面對面訓練，並參與本地青年領袖協作計劃。表現出色的參加者更會被挑選成為海外學徒，獲資助到環球青年領袖所屬的國家進行「海外學徒計劃」，實踐他們的計劃。今日就讓我們一起翻開這本世界之書，一起《向世界學習》。

裝備自己

年輕人猶如白紙，
雖缺乏人生經驗，卻滿有可能性。
只要放手讓他們從小自由探索世界，
裝備自己，這一小步足以大大改變人生，
為社會帶來各式各樣的光和熱。

學習放手，
助孩子從小當世界公民

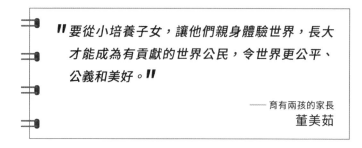

❚❚ 要從小培養子女，讓他們親身體驗世界，長大才能成為有貢獻的世界公民，令世界更公平、公義和美好。❚❚

── 育有兩孩的家長
董美茹

當不少小孩晚上埋頭溫習，董美茹（Louisa）卻與孩子在枕邊溫柔耳語，暢談世事。眼見孩子喜歡助人，這位非典型媽媽主動帶他們走出課室，探索自我。孩子年紀雖小，但對世界的熱情與對弱勢社群的憐憫，卻令她驚嘆，「我放手，他們反而學到更多，他們自小親身去感受世界，其實會領悟更多，懂得為別人付出。」

13 歲長子張琅程（Ronnie）與 8 歲幼女張凱婷（Katie），一個活潑，一個內斂，為家庭湊成一個「好」字。她很早便察覺 Ronnie 有領導才能，樂於助人，會主動捐贈利是錢，平日在街上見到拾荒者，會把家中雜誌和報紙送給

他們。去年她開始尋找有關領袖及義工的活動，好讓他探索更多與發揮所長。

苦心為子女覓獨特學習機會

去年暑假青協領袖學院 Leaders To Leaders 活動的宣傳吸引了她的目光。雖然活動對象以中學及大學生為主，但她仍膽粗粗報名，冀子女與世界青年領袖接觸。

在偌大的演講廳，全場靜聽講者以英語分享。Louisa 本擔心子女未必明白，詎料兩人聽得入神。哥倫比亞創業家 Karen Carvajalino 細說創業緣起，突然話鋒一轉，問在場者：「誰想要我手上這東西？」Ronnie 見狀立即舉手，但頃間有男孩已跑到台上。「這讓他明白機會是要自己爭取。用這個方式刺激孩子思維很有趣，並已深深記在他腦海裡。」Louisa 說。

第二日，青協在中環海濱長廊的摩天輪舉辦「與領袖對話」活動，社會領袖各登上一個卡廂，逐一與參加者對談。兩兄妹與創辦「無國界中醫」的歐卓榮中醫師交談，聽他如何聚集其他中醫宏揚醫術，更分享到菲律賓等發展中國家，以中醫改善當地人民健康的經歷。另一個工作坊由曾經是伊拉克難民的 Tafan Ako Taha 主講，席間播放

短片，描述兒童因戰火而四周逃亡，無法安定接受教育。她也細訴流離失所的痛苦，但堅毅的她定居瑞典後，通過成立慈善組織幫助受戰火蹂躪的人。

領袖們的分享雖然簡短，卻植根兩兄妹心中。兩人回家後主動上網搜尋相關資料，與父母分享難民偷渡的驚險、求學的困難。Louisa 發現雖然子女年紀輕輕，卻已對別人的遭遇心生憐憫。後來每當見到敘利亞內戰的報道，兩人都指著說：「這是 Tafan 姐姐。」

▲ Lousia（左二）與一對子女 Ronnie（右一）及 Katie（右二）參加青協領袖學院的活動，認識來自伊拉克的前難民 Tafan（左一），四人在活動後仍然熱烈討論。

害羞幼女立志成為助人領袖

去年開學日，女兒 Katie 告訴媽媽，老師問他們長大想做甚麼，她字字鏗鏘地說：「我大個想做個幫人的領袖。」原來她聽畢講座後念念不忘，「Something happened to them. I want to make something happen too.（有事情在他們身上發生了，我也想創造一些事情。）」Louisa 從沒想過害羞的女兒，受青協活動啟蒙後竟有此宏願，「青協邀請的領袖熱衷於幫助社群，是讓世界變得更美好的青年，他們的分享很適合學生。」

其實種子早已撒下，只待合適時機收割。Louisa 與丈夫閒時會帶子女做義工，「不一定要去好遠，可以由身邊做起。」跟隨深水埗「明哥」派飯，了解基層困苦，又探訪老人院，向長者散播快樂，「希望小朋友明白自己很幸福，知道世界還有很多不幸的人需要幫助。」

讓子女自由探索 遠勝父母千言萬語

Louisa 是個「放手型」媽媽，從不太擔憂子女成績，卻重視品格，只願他們擁有同理心與愛心，對世事不失好奇心。Ronnie 兩年前起隨學校到柬埔寨做義工，一手一腳為村莊建屋，興建水井。當他重返當地，見到「採石仔」

成果都莫名滿足。見證兒子成長，這幕風景對 Louisa 來說是無價的，也令她意識到放手讓孩子感受世界，親身領悟助人的意義，遠勝自己的千言萬語。

不少父母總想子女成為國際領袖，但往往淪於紙上談兵。Louisa 認為即使子女擁有潛能，願意關心社會，但若缺乏了家長推動子女自小學習，便會埋沒其潛能與熱誠，所以她堅持多讓子女參加領袖與海外義工活動，「要從小培養子女，讓他們親身體驗世界，長大才能成為有貢獻的世界公民，令世界更公平、公義和美好。」

▲ 多名青年參加 Tafan 的工作坊，細聽她由難民成為扶持難民慈善組織創辦人的故事。

Louisa 與子女關係親密，由學校、宗教到世界大事，無所不談，至今臨睡前仍會聊天。兩兄妹的好奇心強烈，在電視看到中東戰亂、伊拉克戰爭的畫面，會提出很多疑問，她樂意慢慢解答，盼多啟發子女反思與擴闊國際視野，「做爸媽最重要願意聆聽。」

人生匆匆，Louisa 只願子女快樂長大，以熱誠朝目標奔馳，從付出得到快樂，「希望他們懂得感恩、懂得貢獻，更重要懂得找方法幫助人，為世界出一分力。」

想多一點點

日本著名管理學家、經濟評論家大前研一曾對國際觀下過定義：「知道這個世界發生甚麼事，並且對這些事有提出觀點的能力。」

不少家長鼓勵子女探索不同文化，增進文化敏感度及跨文化溝通技巧，培育他們成為「世界公民」。然而，大家距離「世界公民」有多近？不如分享一下。

請貼上最近一次參與有關認識世界的活動相片，或以圖畫表達。

當中最深刻的是甚麼？為甚麼？

這次經驗刺激你對世界哪方面的思考？令你有何改變？

享受體驗式學習，
小腳丫跳出框框

> **❚❚** 長大後想幫助別人，從領袖身上，我學習到行動最重要是 *think big start small*（大處著眼，小處著手），希望未來我也會啟發更多人改變世界。**❚❚**
>
> —— 13 歲童
> 張琅程

> **❚❚** 世界上有很多人很慘，假如有人幫助他們，我們會開心，他們也會開心一點。**❚❚**
>
> —— 8 歲童
> 張凱婷

生活富足的小孩，可以對人間疾苦一無所知，但 13 歲的張琅程（Ronnie）與 8 歲張凱婷（Katie），卻隨口已數算出弱勢社群的種種困境。兩兄妹自小隨父母走入社區行善，體悟世情，立志以助人為快樂。去年他們與國際青年領袖交流，窺探世界另一端的苦難，更意會到行動的重要。這些感受啟發兩兄妹各自再踏出一小步，希望他朝能為世界帶來更大的改變。

Ronnie 與 Katie 在小康之家成長，從來貧窮與苦難都離他們很遠。不過父母毫不「離地」，經常帶兩兄妹做義工，探訪老人院或向基層派飯，讓他們感受基層的困苦。在耳濡目染下，兩人自小對弱勢心生憐憫，學會以同理心相待。Ronnie 兒時已熱愛助人，在幼稚園時更主動教導全班同學綁鞋帶，長大後在街頭遇上露宿者，亦會上前關心。

哥哥自小愛助人 生日探訪老人院

當不少孩子選擇開派對慶祝生日，Ronnie 在 10 歲生日時卻主動向父母建議到老人院探訪，以利是錢宴請長者吃飯，希望散播快樂。當日一班長者展露難得的笑靨，老伯在切蛋糕時更雀躍不已，令他觸動，「很多有錢人會捐錢，幫助到很多人，但錢不一定令人開心；人與人之間的關係與交流，才會令他們真正幸福。」這些微小行動，便是他常掛在口邊的「baby steps（一小步）。」

Ronnie 曾跟隨學校到落後地區做義工，為貧苦村民興建房屋。其中一名婆婆原只能席地而睡，導致腰酸背痛。團隊之後為她興建一個新家，改善情況。今年他重返當地，發現婆婆精神煥發，不再傴背彎腰，使他感動不已。人對於行善的理解，會隨著成長和經驗而轉變，「小時候是分享一個餅乾，但長大後是分享自己的愛和快樂。」他笑說。

學習將憐憫心化為行動

去年暑假，兩兄妹在母親鼓勵下參加青協 Leaders To Leaders 一系列領袖活動。首次接觸國際年輕領袖，令他們大開眼界，意識到助人的力量竟可如此巨大。雖然兩人比其他參加者年輕，但熱誠與投入度絕不落後。多名領袖除了分享改變世界的經歷，亦主持工作坊，立體地呈現助人的方法。其中來自肯亞的 BrightGreen Renewable Energy 創辦人 Chebet Lesan，回收蔗渣等廚餘或都市廢料，再轉化為環保炭，為非洲人提供環保燃料。Chebet 與參加者一同體驗製作環保炭，兩兄妹至今仍將環保炭珍藏在家中，牢記 Chebet 助人的原委。

「活動令我學懂怎樣才是一個領袖，以及學習如何當一個領袖，對我和妹妹都是很好的學習機會。」國際青年領袖在中環海濱長廊的摩天輪上逐一與年輕人對話，十多分鐘的面對面交流，讓 Ronnie 可盡情發問。云云領袖當中，

◀ 哥哥 Ronnie（右）和
妹妹 Katie（中）參
與 Chebet（粉紅色
衫）主持的工作坊，
與眾多青年參加者一
同製作環保炭。

令他印象最深刻是加拿大社企 Lucky Iron Fish 的創辦人
Gavin Armstrong。他欣賞 Gavin 將憐憫心化為實際行
動，思考落後國家貧苦人民的真正需要，著手研究創新方
式，設計細小而廉價的鐵魚，為他們紓緩長久以來的缺鐵
貧血問題，「憐憫對方除了捐錢，也可以由一個小念頭開
始，令到世界改變，他是真正的英雄。」

「他們是我的榜樣，我也希望用我的行為影響他人。」今
年 Ronnie 再踏出一小步，成為學校風紀，舉辦跳舞等
有意義的籌款活動，盼同學享受之餘，亦啟發他們樂於
助人的精神。

▼ Ronnie (右) 及 Katie (中) 以流利的英語與難民支援組織始創人 Tafan (左) 分享電影會的感受。

妹妹連結環保與藝術　冀助貧窮者

相比哥哥的滔滔不絕，在旁的妹妹 Katie 顯得內斂，但她心中亦有宏願，「世界上很多人很慘，如果有人幫助他們，我們會開心，他們也會開心一點。」熱愛藝術的 Katie，夢想成為畫家，也特別關注環保議題。自從參加青協領袖學院活動後，她靈機一觸，將兩個興趣連結成為一個新使命，希望將廢物循環再用，化為藝術品，再將賺取的金錢捐贈予有需要的人。

Ronnie 雖然尚未找到夢想職業，但希望日後不論在任何崗位，初心不變，「我長大後想幫助別人，從領袖身上，我學習到行動最重要，think big start small（大處著眼，小處著手），希望未來我也會啟發更多人改變世界。」

 **想多一點點**

每個人在不同階段都有著不同目標和理想，還記得兒時那篇「我的志願」是甚麼嗎？

你現在所做的事情，是你的夢想嗎？有否想過如何透過自己的工作去造福社會？

討論環球議題，
讓學生拉闊世界觀

❝ 學生大開眼界，過往沒有海外年輕領袖前來，告訴他們尋夢與堅持，教曉他們所相信的事情是有可能發生的。**❞**

—— 天主教慈幼會伍少梅中學校長
李建文

❝ 學生要跳出學校，吸收更多課本以外的知識，我們希望學生能夠服務世界。教育模式需要轉變，不只是操練試卷，放手讓他們嘗試，他們反而帶來驚喜。**❞**

—— 梁式芝書院老師
蔣怡興

在本港刻板的教育制度下，莘莘學子在學校度過十多年的光陰，追趕分數，卻未必尋找到自身價值與使命。有教育工作者另闢蹊徑，為貧苦學生提供機會接觸世界，讓他們相信追夢並非不可能；亦有人鼓勵學生走出課室，構思創意方法，解決環保問題。

▲ 李建文校長（左一）和學生一同在學校的咖啡室內，與來自南非的青年領袖 Sethu（左三）分享彼此的故事。

踏進天主教慈幼會伍少梅中學，牆壁色彩斑斕，學校一隅放滿學生的藝術作品。「我來這間學校上任前，學校總是陰沉，我想改變這裡。」李建文校長站在咖啡室，一邊沖咖啡，一邊道出他對教育的理念。他想改變的不只學校環境，更是教育方式。

昔日當外展社工 今助弱勢學生

外展社工出身的李校長曾接觸不少邊緣青年，深信有系統的教育對年輕人成長很重要，後來投身教育界，最初教導排名較低的學校，更組織邊青學生「夾 band」，在公眾面前表演。

如今為一校之首，他希望幫助弱勢學生，亦想改變老師及大眾對這群學生的想法。在學校走一圈，除了廣東話，還會聽到烏都語、普通話與英語。大多數學生出身基層，不少棲身環境惡劣的板間房，較少機會參加課外活動，更遑論出國見識。李校長相信學生不論貧富或背景，應擁有平等教育的機會，因此在學校引入不同設施與活動，「學校有責任給他們最好的教育，令他們與其他人成長經歷變得相近。」

學校逢周五下午設有「其他學習經歷」的課堂，學生可學習沖咖啡、拳擊和健身等。李校長盼學生多走出課堂嘗試新事物，尋找自身價值，「學校有很多貧窮學生，自小接受貧窮帶來的價值觀，覺得自己不可能改變，永遠比別人差。因此學校更加要給他們機會去看一看世界。他們的視野不一樣，境界就會變得不一樣。」

國際青年領袖親臨 燃學生希望

去年，青協領袖學院邀請南非青年領袖 Siposetu Sethu 到該學校分享，向學生娓娓道出自己排除歧視為白化症患者爭取平權的經歷。「學生大開眼界，更反思不應因困難而放棄自己。」李校長補充，過往甚少有國際嘉賓到校分享，「Sethu 是已獲國際獎項的青年領袖，亦願意近距離與學生分享自己尋夢與堅持的故事，學生感到備受重視，並相信凡事有可能。」

▲ 南非青年領袖 Sethu（右中）與李校長（左中）及學生打成一片。

寄語每人都可當領袖 為社會創造價值

在金錢當道，名利彷彿等同成功的社會，李校長說教育工作者更不能強化這種價值觀，要鼓勵學生多元發展，敢於實踐夢想，尋找屬於自己的生命意義。「不要介意出身，每個崗位的人都可以成為領袖，為世界帶來改變。我希望學生為自己，亦為社會創造價值，思考自己能否令社會變得更好。」

至於在傳統女校梁式芝書院任教的蔣怡興老師，同樣默默地開闢空間讓學生體驗新事物。教授企業、會計與財務概論的他，與環保看似風馬牛不相及，但他卻身體力行，實踐環保生活。為了從源頭解決環保問題，約 4 年前他為學校創辦環保學會，冀喚醒師生對環保的關注。

創立環保學會 學生走出課室

蔣老師深信學生需走出課室，才能真正認識環保議題。他帶領學會的學生有過不少創舉：3 年前憑著踏單車 8 小時發電，打破健力士世界紀錄，學生亦意識到發電困難，特別珍惜電力。後來他們再獲資助在校內裝設能源監控系統，量度課室用電量，吸引學生踴躍參與，想盡辦法節能，最終一個月節省 2,000 多元電費。在蔣老師鼓勵下，學生構思不同方法解決能源短缺的方法，最後參考荷蘭，以植物發電。經歷半年反覆實驗，他們成功以黃金葛發電，燃亮 LED 電燈膽，並製作儲電裝置，冀未來能接駁街燈。

◀ 蔣老師（左一）與學
生合作將塌樹樹枝再
造成椅子。

青協領袖學院曾與該校合辦講座與工作坊，邀請環球領袖入校分享，包括來自贊比亞的 Agents of Change Foundation 總監 Brighton Kaoma，向學生分享領袖培訓及發掘個人潛能的主題，亦有來自芬蘭的 Tespack 聯合創辦人兼營運長 Caritta Seppa，與學生分享創新科技與環保相關的主題。學生亦把握機會，向環球領袖分享他們參與環保項目的經驗，「學生與人分享時，會增加自信心，覺得有成功感。」去年學院更邀請學生，為超強颱風「山竹」的塌樹升級再造，製作成一張張椅子。

放手讓學生嘗試 反帶來驚喜

眼見學生投入參與環保活動，培養責任及使命感，令蔣老師大感欣慰。他一直有感學生乖巧勤奮，卻缺乏信心，視野狹窄，多數只參加校內活動，「學會不只是興趣班，而是希望他們走出課室，認識世界。」去年該校學生更獲環境局邀請出席國際環保展覽，向世界各地的參加者介紹香港的環保工作，「學生要跳出學校，吸收更多課本以外知識，務求能夠服務世界。教育模式需要轉變，不只是操練試卷，放手讓他們嘗試，他們反而帶來驚喜。」

想多一點點

生態危機是個複雜又不可忽視的國際難題，青協領袖學院的舊生何世杰和譚沛楹於 2014 年創立環保社企《綠行俠》（Eco Greenergy），回收廚餘及咖啡渣等，再製成肥料、肥皂和花盆等日常用品，鼓勵大家為環保努力。

同住地球村的你，平時有何環保心得嗎？

你覺得香港面對最大的環保挑戰是甚麼？

你覺得應如何鼓勵身邊人一起為環保出力？

生命影響生命，
先改變自己孕大愛

> **"我希望成為領袖，希望每個人都享有平等權利，希望每個人都會為別人做好的事情。"**
>
> —— 巴基斯坦裔學生
> Safeer Abbas

一身膚色慘白，患有白化症的南非青年領袖 Siposetu Sethu Mbuli 在台上細說生命的高低跌宕，為白化症患者爭取平等權益之路。台下的巴基斯坦裔男孩彭成輝（Safeer Abbas）聽得入神，對小眾的處境深感共鳴。根據統計處資料顯示，本港逾 700 萬人口中，約有 1.8 萬巴基斯坦人，Safeer 是其中一員。兩年前他來港與家人團聚，定居異鄉，但膚色和背景無阻他追尋夢想，立志成為心臟科醫生，亦希望如 Sethu 般幫助世上每一個人。

16 歲的 Safeer 與胞弟在巴基斯坦長大，在港工作的父親間中回鄉探望他們。約兩年前，父親不想再錯過兒子的成長，也希望他們接受更好的教育，決定一家四口在港團聚，自此 Safeer 在港落地生根。

昔欠資源 今珍惜所有

初來香港，除了適應環境，Safeer 面對最大的難關是語言。兩兄弟來港後入讀天主教慈幼會伍少梅中學，幸校園不分種族與膚色，本地與少數族裔學生打成一片，讓他們迅速融入香港。昔日家鄉的學校破舊，沒有空調，也缺乏教學資源，Safeer 說任由自己努力，也沒有機會上流。如今校內設有電腦室、健身室等設施，老師有教無類，願意放學後細心解答學業疑難，一切對於巴基斯坦的學校來說都是奢侈品，令他更珍惜學習的機會。

Safeer 也體會到教育不只是讀書，更要走出課堂，認識世界。他平日會隨老師到社區做義工，例如到沙灘清理垃圾、為長者量度血壓等，認識社區的需要外，也感受助人的快樂，「這些對我都是新事物，學校令我更有活力，更主動與更傑出。」

▲ Safeer（右）善用學校資源參與不同類型的活動，包括拳擊。

香港是 Safeer 除家鄉外，唯一踏足的地方。去年青協領袖學院安排來自南非、患有白化症的 Siposetu Sethu Mbuli 到訪學校，向全校同學分享平權之路。這是 Safeer 首次接觸環球領袖，窺探外面的世界，對同為「少數」的 Sethu 充滿好奇。Sethu 分享出身貧窮村莊，身置膚色黝黑的人群中默默承受歧視，即使白化症影響視力仍沒有放棄，堅持四出奔走，捍衛患者權益。

▼ 南非青年領袖 Sethu 向天主教慈幼會伍少梅中學學生
　 分享她的平權之路。

▲ Safeer（左）與弟弟 Sahil（右）一同學習沖咖啡。

受白化症平權者啟蒙 悟凡事都有可能

這次講座徹底改變 Safeer。從前他的生活只有自己、家人、同學與朋友，但 Sethu 無私地為同路人爭取權益，努力移除世界對白化症患者的標籤與誤解，令他明白人生在世，應該幫助更多人，「她的故事鼓勵我要幫助別人，不只是我認識的人，而是所有人。我們是人類，應互相幫忙與尊重，不論我們是甚麼膚色，更重要是我們如何對待別人。」

Sethu 出身貧窮，卻沒受背景所限，憑著努力求學，改變生命。她先後透過校園電台及創辦網上平台，分享自己與同路人的經歷，推動世界認識白化症並消除歧視，去年更獲英女皇頒發女皇青年領袖獎（Queen's Young Leaders Awards）。「她雖然貧窮，卻為世界帶來改變。這啟發我要努力，不少事情看似沒有可能，但總有希望。」Safeer 說。「年輕人正值成長階段，會更容易學習人生道理，這些活動幫助我擴闊視野，讓我們更懂得幫助與尊重他人。」

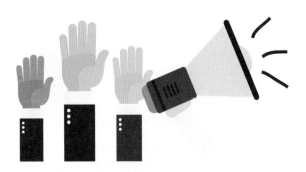

親人受疾病折磨　立志懸壺濟世

白化症患者與絕大多數南非人的膚色截然不同，伴隨而來是歧視，嚴重更可能遭獵殺。小眾的生活從來不易，少數族裔在本港也面對種種困難，但膚色與出身無阻 Safeer 追夢。他兒時在家鄉目睹祖母因醫療制度欠佳病逝，表弟亦受心臟病折磨，經常進出醫院，故他立志成為心臟科醫生。「我想當醫生，因為可以拯救無數生命。」他堅決地說。

想多一點點

根據香港政府統計處,「少數族裔人士」泛指非華裔人士;由於本港位處亞洲,少數族裔人士以亞裔居多。故在一般統計分析所劃分的族群中,與亞洲地區相關的族群類別佔多。正因為在大眾中佔少數,少數族裔較易被忽略和歧視。

你第一次與少數族裔人士接觸是何時?感覺如何?

你們的相處如何?你會否主動了解他們的故事?

少數族裔人士在港生活面對不少困難,你覺得自己可以做甚麼事情幫助他們?

連接線上線下，
讓世界緊密連結

> **❝ 看到很多青協領袖學院的年輕領袖可以一起加入線上線下討論，積極地探討解決社會問題的辦法，這令我感到很欣慰。❞**
>
> —— Facebook 香港、台灣及蒙古國公共政策總監
> 陳澍

Facebook 創辦人兼行政總裁朱克伯格 (Mark Zuckerberg) 指，Facebook 已擁有全球超過 20 億用戶。然而，用戶數量愈多，平台的影響力也愈大。「Facebook 的使命是讓這個世界有更緊密的連結」，曾在傳媒行業工作近 15 年的 Facebook 香港、台灣及蒙古國公共政策總監陳澍 (George) 說。他加入 Facebook 主要是希望通過一個新的平台，通過新的科技方式，繼續從非政府的角度服務社會。

與 NGO 相輔相成連結世界

然而，如何將線上連結的用家，至線下仍可緊密連繫。George 認為 NGO（非政府機構）在協助他們達成「讓世界有更緊密連結」這個使命上，有著非常重要的角色。

他指，作為公共政策總監，其工作不僅是「政府關係總監」，因公共政策的涵蓋面遠遠超過政府，公民社會，特別是 NGO，都是其工作很重要一部分。

Facebook 每年舉辦 Good Causes Day（慈善公益日）活動，去年有超過 250 家 NGO 參與，接受他們的免費培訓。他們平時也會與不同的 NGO 合作，支持不同議題，包括環境保護、自殺預防、年輕人的上網安全及私隱保護。同時，Facebook 亦支持女性領導力培養，和全港兩家 NGO 一起合作推進「#SheMeansBusiness」計劃支持女性創業。今年三月和青協領袖學院合作，在 Leaders to Leaders 項目中邀請「One Young World」聯合創辦人 Kate Robertson 來港，與在帛琉推動綠色旅遊的 Nicolle Fagan 國際青年領袖會面，在 Facebook 的香港辦公室與本地中學生探討媒體與慈善事業發展。

▲ George（中）分享如何善用社交媒體行善的心得。

「Leaders to Leaders 與 Facebook 的使命直接相關，因大家都想通過不同的方式，使世界更緊密連結。看到很多青協領袖學院的年輕領袖一起加入線上線下討論，積極地探討解決社會問題的辦法，這令我感到很欣慰。」George 說。尤其他聽到一些年輕人開始使用社交媒體不同功能，包括粉絲頁、社團等，讓志同道合的朋友走在一起。同時也通過社交媒體推廣他們的理念與價值，「這些都是很好的發展趨勢。最重要的，是大家的連結不僅僅在線上，這次活動也促成我們舉辦線下的討論。這樣線上線下的互動也是 Facebook 對社會緊密連結貢獻的一個很好的縮影。」

從線上領袖走到線下領導

除了社會層面上連結，社交媒體也是用家分享意念的重要平台。George 指，Facebook 上有很多活躍的「意見領袖」，即 KOL（Key Opinion Leaders），其中很多是年輕人。他認為：「年輕人有很多很獨特的想法。香港有550 萬 Facebook 活躍用戶，其中很多人通過此平台來創作、分享生活，甚至是發展事業。生意由線上做到線下經營實體店鋪，成為了互聯網經濟的一個縮影。」

科技瞬息萬變，新媒體亦緊貼社會轉變，不時推出新功能和設計。George 指「年輕人是社會的未來」，未來的社

會離不開創科，而科技日新月異，「今天有 Facebook，明天可能有其他新的發明，所以即使你離開了學校，也要不時給自己充電，學習新的知識。」

▲ 青協領袖學院青年領袖於 Facebook 辦公室與世界青年領袖交流。

想多一點點

隨著科技的進步，不同種類的社交平台應運而生，用家亦善用這些平台建立自己的網絡。當中博客 (blog) 主要以張貼文字、圖片或轉載影片為主，用作分享資訊。或以線上日記的形式，用作記錄或抒發博客的情感，一般讀者可以網上留言，與博客互動。而影像網誌 (video weblog 或 video blog，簡稱 vlog)，源於「blog」的變體，即與網誌一樣，但以視頻代替文字或相片，拍攝個人短片，上載與網友分享。

對你而言，你喜歡以博客 (blog) 抑或影像網誌 (vlog) 與網友分享？為甚麼？

網絡世界影響力強大，你會如何善用社交平台為世界帶來正面影響？

身體力行

年輕人在成長路上尋尋覓覓是正常的過程；
除了在萬卷書裡窺探世界，
更要跳出安舒圈走萬里路，
在課室以外體悟世情，尋獲自己的價值與使命，
一步一步，將夢想化為現實。

英雄出少年，
小聲音連繫世界

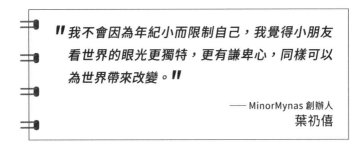

> **" 我不會因為年紀小而限制自己，我覺得小朋友看世界的眼光更獨特，更有謙卑心，同樣可以為世界帶來改變。"**
>
> —— MinorMynas 創辦人
> **葉礽僖**

改變世界無分年齡。葉礽僖（Hillary）10 歲便開發 MinorMynas 手機應用程式，連結全球兒童，讓他們在線上交流並學習語言。這位初創企業 CEO，成長路途不平坦，曾經因遭受欺凌而退學，卻令她找到人生新方向，以創業貢獻世界。談起夢想，她臉上稚氣未除，但已放遠人生目光，「我不會因為年紀小而限制自己，我覺得小朋友看世界的眼光更獨特，更有謙卑心，同樣可以為世界帶來改變。」

「我好奇心很強，父親常笑說 curiosity kills the cat（好奇害死貓），我上網查資料，發現很少人提及下一句 but satisfaction brought it back.（但滿足了就沒事。）」14歲的 Hillary 臉上仍帶稚氣，說話卻比同輩成熟。她自幼沉醉書海，當同學們埋頭看兒童書籍，她已對政治與歷史書有濃厚興趣，常與父母討論世界時事。

遭校園欺凌　改為在家自學

Hillary 形容自己「奇怪」，自小興趣與同輩截然不同，使她在國際學校讀書時遭排擠。升上中一時，終抵不住校園欺凌，她決定退學，改為在家自學（homeschooling）。因中文能力稍弱，母親安排她赴台灣學習普通話。她在課堂上認識來自世界各地的人，深深體會到語言幫助人際交流，彼此學習與認識。是次旅程令她靈機一觸，萌生研發手機應用程式的念頭，幫助小孩在線上學習語言。

▼ Hillary 在 Leaders To Leaders 活動上，與青年分享她創辦 MinorMynas 的意念及經歷。

創辦公司連結世界兒童助交流

回港後她參加本地創業比賽，憑著 MinorMynas 的意念脫穎而出，2017 年在母親協助下將手機程式推出市場，至今已吸引逾萬用戶，足跡遍布超過 50 個國家。「現時有很多社交媒體，大人可以用 Twitter、Facebook，但小孩似乎被排除在外。我希望 MinorMynas 填補空隙，連結全球兒童，讓他們在網上互動學習，提高趣味。」Hillary 說。

MinorMynas 上的小孩臥虎藏龍，Hillary 發現有人畫術精湛，亦有人熱衷政治或全球暖化的議題，冀為改變社會出分力。她說小孩各有潛能，渴望認識與參與世界，透

過網上平台連繫他們，便能發揮更大的力量，「我希望給小朋友一個平台，讓大家聽到他們的聲音。他們是未來的主人，為何不讓他們及早參與社會？」

Hillary 的童年因創業而起了翻天覆地的變化，提早踏入成人世界，學習經營生意，與投資者及生意伙伴打交道。創業亦令她認識世界各地的兒童及創業家，眼界大開。Hillary 兒時夢想成為作家，曾一度將 50 頁的草稿寄往出版社投稿，如今成為創業家是「意料之外」，「我甚麼也願意嘗試，對甚麼都有興趣，希望能繼續做下去，幫助更多小孩。」

嘆港孩少機會探索　先要改變教育制度

去年她到青協 Leaders To Leaders 活動分享，與其他大哥哥大姐姐一樣淡定，以自身經歷鼓勵青年勇於改變世界，「小孩子應更早探索世界，多參加領袖活動，找到自己的聲音及表達想法。」Hillary 雖未體驗傳統教育，但慨嘆香港孩子的潛能往往受限於僵化的教育制度，「香港小朋友要應付很多功課與考試，很少機會探索不同事物。」

Hillary 現經常四出分享創業心得，更曾獲阿里巴巴創辦人馬雲邀請到創業基金會演講。置身人群當中，她總是年紀最小的創業家，但她從不小覷自己，倒覺得小孩擁有的力量超乎想像，「小孩是未來的主人翁，亦有自己的觀點與角度，希望用自己的力量創造更多可能。」

▼ Hillary（左）與哥倫比亞社企 Biz Nation 創辦人 Karen Carvajalino（右）一起分享創業心得。

▲ Hillary 開發的手機應用程式 MinorMynas。

想多一點點

在家教育（homeschooling）指將學習地點由學校轉至家中。欲在香港在家教育的家長需知會教育局和提供有關文件，包括原因及課程範圍等。教育局接獲通知後會安排家訪，以檢查家長有否符合學童教育需要，每年亦會安排家訪，以確保其子女學習進度沒有問題。

有人認為在家教育，可為子女度身訂造不同類型的體驗營或工作坊，讓他們自由地探索世界，開拓視野。你又會否選擇在家教育呢？

傳統學校教育可如何擴闊學生的世界目光呢？

跳出舒適圈，
增長知識與見識

> **很多香港年輕人有知識，但缺乏見識。我希望讓年輕人知道還有很多路可以選擇，不想他們錯過參加領袖活動與海外交流的機會。出去看看世界，你的生命會變得不一樣。**
>
> —— 在職青年
> **林盛雯**

一直熱心社會事務的林盛雯（Carman）於香港中文大學（中大）環球商業學系畢業後投身商界，3 年後毅然辭工，冀尋找更有意義的工作，「我一直希望將所學到的技能，用在好的事情，我的夢想很遙遠，希望幫助別人，成為一個對地球有正面影響的人。」

Carman 在小康之家成長，「從沒想過去外國，讀牛津、劍橋大學？想都不會想。」她初中時成績非名列前茅，從未有被老師挑選參加領袖活動，即使有機會參與校外活動，「最遠都只是去對面的學校。」

赴英國修讀預科 意會人生各種可能

父母安排 Carman 到英國修讀預科，卻沒料到短短兩年改變了她。她曾經只會沿著預設的路成長，一心想要找份穩定工作、成家立室、生兒育女。在英國留學時，她發現人生有很多可能性，體會到當地求學不只是求分數，學生會追求發展不同興趣與事業，例如音樂、歷史與文學，「我很幸福，有機會去英國讀書，若留在香港，不會是現在的我。」

Carman 一直想當社工，但家人期望她修讀更高學分的科目，回港後考入被視為「神科」的中大環球商業學系。她希望學會以商業的知識去為社會帶來正面的影響。

大學開始參與活動　與青年為青年服務

Carman 大學一年級時參加香港青年協會領袖學院的文化保育活動，開始接觸青年事務。適逢前粉嶺裁判法院即將活化為領袖學院，服務青年，Carman 與教授、博物館館長等專業人士交流，商討如何參考外國經驗，能達到保育及活化目的。年輕參加者提出種種創意構思，部分構思獲採納，「覺得青協領袖學院有聆聽青年的聲音，難得地貼近社會，年輕人很容易融入，正因如此，令我一直參與青年事務與義工。」

▲ Carman (左) 成為 Leaders To Leaders 的籌委，與其他義工構思活動流程，策劃宣傳方式。

Carman 隨後成為青協第一屆「鐵路行」的籌委，招募年輕人以背包客方式，利用鐵路在內地進行深度文化遊，例如在西藏學習一門手藝，再回港分享，促進文化交流，「大家總是對內地有偏見，事實上你要親身去，才會發掘更多。這個深度遊由年輕人策劃，令他們的旅遊體驗變得非常不一樣。」她與一眾義工費盡心神，以數個月時間設計招收參加者的準則、活動內容及要求參加者完成的任務等，「我深深感受到青協重視年輕人的聲音，當年輕人有份策劃活動，由青年為青年服務，這才是領袖培訓。」

3 年前畢業後，Carman 加入國際化妝品牌公司工作，但漸漸地感到迷失。她幾經掙扎，今年 4 月遞交辭職信，希望沉澱一下，認真思索前路。

幫助港青獲得知識兼具見識

Carman 有感昔日「輸在起跑線」，「如果中學時有參加更多領袖培訓的活動，相信今天的我會很不同。」她覺得本港學習風氣著重學業發展，學生甚少踏出舒適圈，認識外面的世界，以致世界觀狹窄。熱衷青年事務的她指，「香港很多年輕人有知識，但缺乏見識；希望我可以讓年輕人知道還有很多路選擇，不想他們錯過參加領袖活動與海外交流的機會，出去看看世界，你的生命會變得不再一樣。」

她去年成為 Leaders To Leaders 活動的籌委，負責統籌市場策劃，與其他年輕人構思活動流程與宣傳方式，「有份幫手籌辦活動，為青年服務，也貢獻社會，認識了很多朋友。」眾多國際知名青年領袖難得地來港聚首一堂，分享改變世界的經歷與見聞，台下年輕人投入聆聽，使她非常感動，「有些人更主動問問題或走進來聽講座，我希望未來更多人能夠參與領袖活動，一起改變社會。」

除了關心青年與兒童教育，她尤其關注人道救援與環保議題。時光不會倒流，與其後悔當年，不如趁年輕汲取更多經驗，擴闊人際網絡。Carman 盼有日成立慈善機構助人，也希望善用商業技巧，為有需要的人爭取資源。

▲ Carman（右二）協助籌辦今年的 Leaders To Leaders，並為活動擔任主持的工作。

想多一點點

「Mastercard 2017 下半年消費者購買傾向調查」發現，對港人而言，職場上的 3 大成功因素包括：工作與生活取得平衡、賺取高薪或報酬及工作表現得到認可。而個人生活方面，港人同樣視工作與生活取得平衡為成功因素，其次是有充裕資金實踐自己想做的事及享受幸福家庭生活。

每個人對成功的定義都不同，有人認為人生要達到某些目標才算成功。

對你而言，成功的定義是甚麼？

有甚麼阻礙你通往成功之路？

你覺得應如何克服這些困難？

抓緊機會，積極建立環球網絡

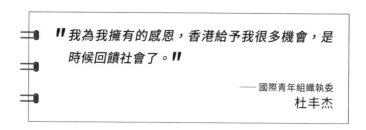

> **"我為我擁有的感恩，香港給予我很多機會，是時候回饋社會了。"**
>
> —— 國際青年組織執委
> **杜丰杰**

10 年前，年輕小子從上海隻身來港求學，抓緊每次交流的機會，走過萬里路後，開始體悟世情。然而，環顧四周，不少同窗目光仍只停留在香港。杜丰杰（William）成長後毅然投身青年事務，冀幫助更多香港年輕人找到一片天，也想回饋這片孕育他的土地。

在浙江成長的 William，在傳統學校讀書，父母並非怪獸家長，放手讓他自由探索。眼見家鄉的天空太狹窄，他努力考取獎學金，10 年前到香港理工大學讀書。當年的小子卻沒料到來港升學，會改變自己往後的人生。

來港升讀大學 爭取海外交流

身處異鄉，一切都充滿新鮮感。William 在 3 年大學生涯不斷爭取機會，先後遠赴 6 個國家交流，曾到英國參加暑期學校，又到芝加哥實習。不過他卻發現港人同學，並未如他般雀躍報名到海外交流，「我覺得香港有很多機會，為何香港年輕人不爭取呢？」他認為，「青年的機會是有，但很多都沒有踏出舒適圈。」

遊歷各國，令 William 親身體會各地文化差異，也深深感受到年輕人擁有國際視野，對人生及事業發展的重要。他說香港背靠祖國，面向世界，定位獨特。「如果你不明白中國與世界在想甚麼，你很難 serve as the bridge（扮演橋樑角色）。」

「我看見很多香港年輕人很有才華,但國際視野卻不夠廣闊。」來自內地的 William,有感香港青年置身於國際化的社會,缺少動力去開拓國際視野。懷著種種想法,他開始思考如何幫助青年增廣見聞。他現時與友人推動非牟利組織「Time Auction(拍賣時間)」,讓年輕人透過完成指定義工時數,換取與社會賢達對話的機會。他冀有前輩在年輕人的人生旅途上成為他們的榜樣。

William 去年參加青協 Leaders To Leaders 活動,與其他本地及國際青年領袖分享經驗,啟發年輕人的目光放得更遠,「活動令一些年輕人即使不去其他國家,在香港也可以認識傑出的外國領袖,擴闊國際視野,是很難得的機會。」

William(左一)去年參加 Leaders To Leaders 摩天輪下「與領袖對話」的活動,與青年領袖分享不同的環球議題及文化。

與全球青年推動社會改變

3 年前，William 再多走一步，參加世界經濟論壇旗下全球傑出青年社區（Global Shapers Community）。組織提倡「由青年組成，為青年而做」，一班背景與職業不同的傑出青年（Shapers）聚首，定期開會商討社會議題，合力推動社會改變。現時有逾百個國家、370 個城市的年輕人參與組織，香港社區已成立 8 年，曾舉辦教導難民英語、推廣可持續發展等活動，亦鼓勵年輕人參與其中。

不過單靠民間組織的力量，難以大力推動青年發展工作。William 說 Global Shapers 擁有五湖四海的人才與網絡，但各人有全職工作，難全情投入，最大困難是缺乏本地學校網絡，難令活動走入校園，青協則正正補足組織的缺陷。

要推動青年發展，不單靠交流與活動便成事，William 覺得最大障礙是香港的教育制度。早於大學時期，他已感受到填鴨式教育對香港學生的影響，部分同學對學習顯得沒有熱情。「如果教育制度仍然是以分數為主，一面倒以考試操練作為基礎，舉辦更多活動都沒用。」他覺得政府應思考如何改革教育制度的評分制度，考慮學生學術以外的技能與發展，並為缺乏資源的基層學生提供更多機會。

William 現全職從事房地產工作，白晝為商業地產項目忙著，但夜晚與假日仍會花時間投入組織的義務工作，盡力幫助青年建立環球網絡，儼如身兼兩份工作。他不諱言生活忙碌，但源源不絕的熱誠是源自知足與感恩的心，「我為我擁有的感恩，香港給予我很多機會，是時候回饋社會了。」

▲ William 積極透過國際青年組織鼓勵青年跳出舒適圈，擴闊視野。

想多一點點

世界各地有不同類型的青年組織，推動世界各地的青年透過面對面的交流和合作等機會，從而深入認識環球議題。

對你而言，你最想參與是哪個環球議題的活動？

你若可帶領不同地方的青年一同參與社會事務，那會是甚麼？為甚麼？

克服恐懼，
踏上世界演說舞台

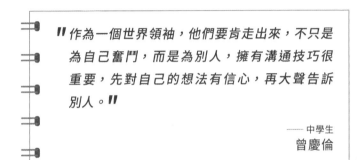

"作為一個世界領袖，他們要肯走出來，不只是為自己奮鬥，而是為別人，擁有溝通技巧很重要，先對自己的想法有信心，再大聲告訴別人。"

—— 中學生
曾慶倫

踏進房間，但見評審低頭不語，小伙子戰戰兢兢地開口，高聲道出心中所想之際，評審突然抬起頭微笑。曾慶倫（Alexander）這一幕的深刻回憶，使他愛上英語公開演講，努力以獨特與具批判性的觀點說服別人。公開演講為生命打開一道門，令膽怯小子增添自信，確認自己身分與價值，將來更有意修讀法律助人。

16歲的中五生 Alexander，出身傳統名校男拔萃書院，父母悉心栽培這位獨生子，鼓勵他踏出舒適圈，多嘗試不同的新事物，「小一已參加朗誦，父母更會與我摸索如何演繹一首詩。」自小熱愛音樂藝術的他，更參加合唱團與話劇，也會吹奏法國號。

▼ Alexander 於 2016 年「香港青年協會香港英語演講比賽」
奪得初中組冠軍，更代表香港得到全國賽初中組冠軍。

初中接觸演講　見識世界廣闊

升上中一後，Alexander 首次參加青協舉辦的英語演講比
賽，每關挑戰不同，要求參賽者事先為演講題目準備，也
要即席演講，「既害怕，但又很刺激好玩。」最後奪得初
中組冠軍。自此，他四出參加公開演講活動與比賽，接
觸不同議題，學會慎思明辨，「演講不只是要說得動聽或
充滿感情，重要是要有深度與內涵，有不同或獨特的觀點
說服別人。」

2018 年，Alexander 獲選為全港十名代表之一，遠赴南非
參加世界個人辯論及公開演講錦標賽，見識世界的廣闊。
他意會到海外學生對公開演講的熱誠遠遠超出港人，亦欣

賞他們在比賽過程會積極結交朋友，主動分享演講心得，「到各地參賽給我好大的得著。我們參加演講，不只是為了競賽，更會帶來友誼。它令我保持信心，亦懂得與世界不同的人溝通。」他享受每次演講的挑戰，「除了表現自己，也會看到不同人的優點，從中得到啟發，令自己不斷進步。」

演講助尋興趣 開拓未來

「如果沒有參加公開演講，我可能不會知道自己真正喜歡或想做甚麼，所以小時候及早找到自己的興趣，對於未來尋找身分很重要。」公開演講令 Alexander 找到自身強項與價值，更令他有意於大學修讀法律。「修讀法律需要慎思明辨，不可只用虛無的論據，既要懂得表達，現實也要實踐得到。」他曾參與模擬法庭，因此對刑事司法最感興趣。

Alexander 在校內校外均活躍不已，不時擔任活動司儀。去年他更為青協 Leaders To Leaders 計劃擔任籌委，目睹世界青年領袖來港與年輕人交流，「青協活動能在短時間內讓學生有不同層面的體驗，探討香港問題之餘，也

▼ Alexander（左一）去年為 Leaders To Leaders 擔任主持，在中環摩天輪下協助嘉賓及觀眾的交流。

討論國際問題，很有闊度與深度。」他認為學生在初中時期值得參加同類的領袖活動，開拓眼界之餘，亦可與不同人溝通，「作為一個領袖，他們要肯走出來，不只是為自己奮鬥，而是為別人，擁有溝通技巧很重要，先對自己的想法有信心，再大聲告訴別人。」他在摩天輪下擔任司儀，換上另一個舞台，讓摩天輪下來自不同地方的遊客及市民感受到香港青年對環球文化議題的熱情。

對於未來，Alexander 沒有確實答案，不想局限自己發展，「我不想過一個平凡人生，不想只是為了溫飽而活，希望做到自己喜歡的事，做到與眾不同的事。」他的臉上仍帶稚氣，但說起來時字字鏗鏘。

想多一點點

前美國總統歐巴馬（Barack Obama）原本是一名個普通的州參議員，但憑著傑出的演說技巧令人留下深刻印象。可見公眾演說不只是說話，更是溝通、宣傳、教學和說服。

然而，有統計指世界上有 77% 人害怕公眾演講，你覺得自己是其中一位嗎？為甚麼？

公眾演說可經由後天訓練改善、適應。青協領袖學院提供公開演說培訓班「Speaking Studio」，教授實用演講技巧，協助青年有效傳意溝通，並提供演講機會，學以致用，掌握未來。不少人也會通過社交平台，例如 Youtube、Facebook、Blogger 等去影響他人。如果你有機會透過社交平台演講，你會分享甚麼題目？

放眼世界

踏出成長地，向世界出發，

認識各地的人與事。

當青年走遍萬里路後，

目光不再狹窄，不但找到人生的使命，

更立志願意為香港，為世界服務。

海外實習，掀起探索世界渴望

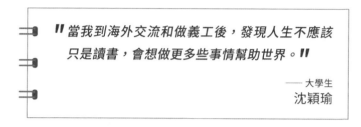

"當我到海外交流和做義工後，發現人生不應該只是讀書，會想做更多些事情幫助世界。"

—— 大學生
沈穎瑜

天未亮，沈穎瑜（Wing）便趕到學校上課。天漸黑，她拖著疲倦身軀歸家。小妮子每日埋頭苦讀，卻不明白箇中意義，只知要追求一紙證書。文憑試一役促使她苦苦思考，怎樣的生命才能更有意義？試題有標準答案，但成長路卻不必然，後來她找到屬於自己的路。

20 歲的 Wing 出身自小康之家，對未來從未有想像。小學三年級前，她在內地讀書，連簡單的英文單字也不懂，家人怕她學習進度落後，故安排回港讀書。她每日翻查字典和抄寫詞語，才漸漸追上進度。但升上中五時，老師不斷要求操練文憑試試題及背誦課本，令她開始對學習失去

興趣。生活只剩上課、溫習與補習,「好像要我們不斷在考試制度鑽研,很無意義,由始至終只是為了一個分數。」

赴英升學　掀起對世界渴望

寒窗苦讀兩年,Wing 考取證書後開始認真思索前路。分數主宰升學路線與選科,各人躊躇不已。眼見不少朋友攻讀傳統「鐵飯碗」科目,她決定追隨心中所求,遠赴英國升學,報讀媒體製作課程,希望成為紀錄片導演,記錄世界各式各樣的故事。

踏入英國學府,自由的學術氣息令她頓感解放。來自五湖四海的同學,為她帶來思潮衝擊,也掀起她認識世界的渴望。她到比利時、冰島及蒙古等地做義工,體會到關懷世界是如此快樂。最令她難忘的是比利時的一場特殊奧運會,選手是一班殘疾人士。每天烈日當空,她熱得滿頭大汗,忙著布置比賽場地,也要照顧選手。但眼見殘疾人士投入參與,使她莫名滿足,「硬地滾球對我們來說很容易,對他們(殘疾人士)是一大挑戰,所以看見他們玩得開心,真的很有滿足感。」

▼ Wing（左二）與另一位參加 Leaders To Leaders 海外學徒計劃的參加者一起遠赴哥倫比亞，跟隨社企 Biz Nation 創辦人 Karen Carvajalino（左一）實習。

哥倫比亞社企實習 認知世情

去年暑假，為了認識社企及創業，進一步發揮自己助人的熱誠，Wing 報名參加青協 Leaders To Leaders 海外學徒計劃，跟隨社企 Biz Nation 創辦人 Karen Carvajalino 在哥倫比亞實習。Biz Nation 是一間以網上課程教授創業及營商等知識的社企，她獲委派研究開拓亞洲市場，搜集資料並撰寫課程計劃書。

不少發展中國家的社企經營遇到困難，當地一間針織廠亦然。針織廠獲熱心人捐贈多部衣車，基層婦女每天密密縫，賺取收入。但這班婦女卻不擅管理，經常無法按時完成訂單，最後社企負責人邀請 Karen 出手訓練，扶助她們改善經營。這令 Wing 體會到發展中國家部分企業生產力

太低，也缺乏管理經驗，打算日後成立社企，改善他們的
經營問題並提供訓練，「青協的計劃令我更了解南美洲的
文化，更重要是有當地領袖帶領，令我融入社會，深入認
識當地的社會問題，這是我一般去旅行無法感受的，其他
實習也難以給予的機會。」她說。

哥倫比亞的人民如陽光般熱情，不過不少人活在困苦與貧
窮之中。有一夜，她與友人外出，發現國家沉重的一面。
當晚許多女人在廣場四處尋覓生意，她趨前查問始知她們
來自委內瑞拉，因家鄉政局動盪，被迫逃亡到哥倫比亞。
她們當中有的是老師，有的是護士，如今走頭無路，只能
當性工作者維生。短短一小時的對話，令 Wing 更想了解
弱勢社群的處境。她完成實習後獨自前往另一個較落後的
城鎮麥德林（Medellin），當地貧民窟不少人衣著破爛，
場面教她無法忘記。

▲ Wing（白衣）到訪當地一間針織廠，與基層婦女交流，深入了解當地的
社會問題以及經營針織廠的困難。

冀成立製作公司 拍片為社會發聲

自小在家人護蔭下成長的 Wing，在哥倫比亞的實習裡，驚現世界另一端有人每天活於水深火熱。她希望拍攝紀錄片，用鏡頭記下遠方的苦難，提醒有能力者幫助被遺忘的人。她夢想成為紀錄片導演，深信「可以呈現問題，改變世界。」她盼成立製作公司，既拍片為社會議題發聲，也舉辦學徒計劃協助有興趣入行的青年。

在這趟遠行，Wing 也到 Karen 家族經營的國際學校教導小孩中文，意外發現學生年紀小小，已在學習經營生意。有位小女孩熱愛織手繩，老師沒小覷她的能力，反而帶她外出擺檔，「學生好精靈，不會死氣沉沉，覺得他們上學真的很開心。」這使她回想昔日在香港單一的學習方式，「小孩在這個年紀應該探索，不是不斷做功課，應該要令他們愛上學習。」

踏遍世界後，Wing 才意識到自己很渺小，世界其實很廣闊，「當我到海外交流和做義工，發現人生不應只是讀書，會想做更多些事情幫助世界。」

▶ Wing（中）參觀哥倫比亞的國際學校。

想多一點點

相信我們每個人都有一些願望、一些夢想、一些覺得人生
必須做的事。例如大學相傳的「五件事」，包括住宿舍、
談戀愛、讀書、做兼職與上莊；亦有人說，30 歲是人生
分界線，所以 30 歲前有很多「必須」做的事情。

然而，對你而言，人生有甚麼事情是「必做」的呢？

除了大學相傳的「五件事」外，海外交流、實習，甚至空
檔年（gap year）等，會是你考慮做的事情嗎？如果要走
出舒適圈，你會做甚麼？

隨青年領袖步伐，嘗社企營運

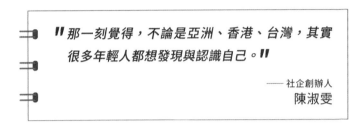

" 那一刻覺得，不論是亞洲、香港、台灣，其實很多年輕人都想發現與認識自己。**"**

—— 社企創辦人
陳淑雯

每日營營役役，為生活拼搏，是大部分港人的寫照，陳淑雯（Abby）也不例外。年月過去，停滯不前的事業，終令她渴望求變。去年她重拾舊日興趣，工餘時間投入社會創新，將園藝治療帶入社區，盼助長者於社區安老，也藉著種植得到快樂。儘管沿途處處碰壁，她希望堅持下去。

Abby 從沒想過創辦社企，由去年 6 月認識社企概念，跟隨青協到海外跟「師傅」，構思萌芽，到今天成立社企，那是不足一年的事。

冀學做有意義的生意

時針回撥至去年中，Abby 有感事業停滯不前，四出尋找有關社會創新與創業的書籍。她偶然在網上看到青協

Leaders To Leaders 海外學徒計劃，發現可跟隨國際青年領袖實習，親身了解海外社企運作，覺得機會難得，於是立即報名參加。她補充說，「我沒有商業經驗，想學習做生意，但希望這盤生意是有社會意義。」

有全職工作在身的 Abby 假期不多，最終只能在台灣的「城市浪人」實習短短兩星期，但足已令她大開眼界。「城市浪人」於 2015 年在台灣成立，由一班年輕人帶領年輕人探索生命，組織定期舉辦流浪挑戰賽，鼓勵他們發掘生活的可能性。

Abby 每日跟隨「城市浪人」創辦人張希慈工作，與合作伙伴及商業顧問開會，首次近距離窺探社企日常運作，「有機會與有世界成就的國際領袖工作，是好難得的經驗。」28 歲的張希慈，如今已經是台灣體驗式教育的標誌人物，帶領台灣青年走出課堂，認識自己並關懷社會。年紀輕輕的她已得到國際肯定，榮獲「福布斯亞洲 30 歲以下傑出創業家」殊榮。

台灣窺探社企日常運作　體會領袖責任

「城市浪人」僅有數位核心成員，張希慈是靈魂人物，起步時遇過無數挫折，一度想放棄。實習期間，Abby 獲悉「城市浪人」曾整整一年沒有收入，慈善捐款不足支撐營運，張希慈便到處演講及訓練，賺取經費。經此一役，

Abby 才深深體會到營運社企與改變社會比想像中更難，領袖需要充滿熱誠，承擔巨大責任。

流浪挑戰賽參加者要在 3 星期內盡力完成 30 個挑戰，以照片、影片或文字形式記錄作證探索自我及推動社會參與的精神。部分挑戰由參加者構思，部分由組織成員設計，例如在街頭給予陌生人免費擁抱（free hug）。「他們希望年輕人不要只顧著讀書，可能到畢業一刻都不知自己想怎樣，不知道自己專長是甚麼，所以想年輕人自我發展。」Abby 說。在流浪挑戰賽的開幕禮上，過百位台灣年輕人聚首，人潮中有學生、職青及殘疾人士，「那一刻覺得，不論是亞洲、香港、台灣，其實很多年輕人都想發現與認識自己。」

▲ Abby（左）與「城市浪人」的同事在辦公室努力工作。

其實 Abby 與那些年輕人一樣，仍在尋找自己。她大學修讀環境生命科學，投身社會工作後，熱愛大自然的她曾修讀園藝治療證書。不少社工、物理治療師以此訓練去幫助院舍長者。她曾到院舍實習，目睹院內很多長者沉默，部分更有抑鬱，「他們住在一起，卻不認識大家。」起初她帶領種植，長者不算投入，但漸漸長者會相約一起上課，滿心歡喜地種花，臉上重現笑靨，「那刻覺得好感動，見到他們有好大的轉變。」

過去多年 Abby 為生計奔波，早已放下昔日的興趣。她畢業後轉了幾份文職與人力資源工作，至去年意識到工作難再有突破，令她思考如何能活得更有意義。

回應社區安老　推動園藝治療

眼見香港人口急劇老化，Abby 憶起當年在院舍的長者，也想起自己父母年紀漸長，使她感慨，「你老了後，是否只可以在家看電視呢？你踏出家門，其實可以與一班同輩一起做有意義的活動。」

受張希慈對改變社會的堅毅所觸動，也為了回應社區安老的需要，Abby 在學習社會創新時遇上兩位志同道合的朋友，所以一起創辦「長青成園」。希望善用社區的閒置空間作社區園圃，為長者與社區人士提供園藝治療，改善他們的精神健康與認知能力。他們去年獲得資助，啟動先導計劃，至今有 10 多名長者參加。除了希望長者藉著種植

得到快樂，她最大願望是訓練長者成為導師，教導其他長者與社區人士，讓園藝治療遍地開花。萬事起頭難，Abby 甫開始就已碰壁，至今仍未為社區園圃覓得長遠的場地，申請使用場地困難重重，多次被拒絕。但青協海外學徒計劃的體驗，令 Abby 更有心理準備迎接經營社企的難關，嘗試尋找解決方法，「人人都知道社企很困難，有幾多會願意堅持？我們有信心能克服困難。」

▲ Abby（左）跟隨「城市浪人」創辦人張希慈（中）拜訪當地的教育創新機構。

如今 Abby 摸石過河，盼終有日找到社企的經營模式，既可平衡營運經費，也可幫助更多人。「全世界都對我說，這個意念很好，但很難找地方。」但 Abby 卻覺得要堅持下去，「如果這麼容易做，一早就有人做，我們的社企就不需要出現。」

想多一點點：

本港暫時沒有相關的社會企業法律及註冊制度，原則上任何人都可在香港開展社會企業。非牟利機構的營運受法律約束，盈餘不能分配予擁有者及股東外，亦有其他條文規範；而慈善機構則就《稅務條例》所徵收的稅項作出豁免，其成立目的必須為有益於香港社會而具慈善性質的活動，有嚴格的財務規定。所以在選擇成立形式的時候，記得想清楚自己的需要和組織定位。

社會上有不同種類的人需要被關懷，你最想關心哪些人？為甚麼？

如果可以透過經營社企或非牟利組織等方法去幫助社會有需要的人，你想經營一間怎樣的社企或非牟利組織？

受鐵魚啟蒙，
讓世界共享健康

> **❝** 不只是發展中國家有營養不良的情況，原來香港如此富裕，情況同樣很嚴重。這令我有點心痛，不只是貧窮線下的小孩，老人家亦然，我希望幫助他們，亦提醒社會關注問題。**❞**
>
> —— 大學生
> **林善雅**

一條看似平平無奇的鐵魚，放在熱水沸騰或鍋裡煮，釋放大量鐵質，為柬埔寨貧苦人民帶來顛覆性的營養革命，也深深觸動香港醫科生林善雅（Cynthia）。在加拿大社企 Lucky Iron Fish 實習後，她驚覺營養不足的問題在香港同樣嚴重，於是把心痛轉化為行動，希望未來推展社區計劃，引起港人對城市營養不足的關注。

Cynthia 自小有一顆助人的心，原本她夢想成為獸醫，機緣巧合下到澳洲讀書，始發現自己對科學有濃厚興趣，最後走上從醫之路。與不少醫科生一樣，她擁有勤奮好學，

毅力驚人的特質。不過她的堅毅不只展現於讀書，還有幫助社會。

▼ Cynthia（左）去年在 Lucky Iron Fish 實習時，協助團隊打造香港網上營銷的計劃。

熱衷公共衛生倡議　冀嘗試社會創新

正在香港大學攻讀醫學的 Cynthia，對公共衛生有濃厚興趣，也熱愛社會創新。去年她參加青協 Leaders to Leaders 計劃，到加拿大的社企 Lucky Iron Fish 實習一個月，「本身對社企很有興趣，一直想找一個關於健康議題的社企。推動公共衛生與健康的工作。」

▼ Cynthia 與青協領袖學院的學生分享海外實習的經歷。

Lucky Iron Fish 的成立，源於加拿大籍設計師 Gavin Armstrong 約 8 年前到訪柬埔寨的經歷。他在偏遠村落發現當地人生活貧苦，食物匱乏，缺鐵貧血情況嚴重。他不忍村民飽受缺鐵之苦，回國後以此為博士論文題目，研究如何為柬埔寨「補鐵」。

Gavin 的設計團隊起初帶著黑漆漆的鐵塊，到柬埔寨的偏遠村落向村民介紹理念，換來村民冷眼。鐵塊的面貌曾經歷不同轉變，由方形、圓形到蓮花等，最後變成魚的形狀，全因為魚在柬埔寨象徵幸運，終獲得當地人歡心。村民只要把鐵魚在水中沸騰 10 分鐘就可釋放鐵質，也可在

炒菜時使用，輕易為人補充鐵質。「香港也可以用魚 —— 年年有餘。」Cynthia 笑說，相信不少港人煲湯時願意使用鐵魚。

鐵魚雖小，但影響力驚人。在 Cynthia 眼中，鐵魚的設計概念簡單而優雅，更重要是蘊藏科學根據與研究，能夠有效地助人。如今鐵魚成功游遍柬埔寨、印度、非洲及加拿大等地，Gavin 希望將業務擴展至內地與香港，Cynthia 遂成為開荒牛，協助他搜集資料與數據，了解港人攝取鐵質的情況，並撰寫營銷計劃書。

助鐵魚社企研究 驚覺香港「缺鐵」

對比第三世界國家，本港看似豐衣足食，但當 Cynthia 搜集資料，才赫然發現不少港人飲食缺乏鐵質，「不只是發展中國家有營養不良的情況，原來香港如此富裕，情況同樣很嚴重。這令我有點心痛，不只是貧窮線下的小孩，老人家亦然，我希望幫助他們，亦提醒社會關注問題。」她相信不少人只求吃飽，但不知道如何攝取足夠營養。

受 Lucky Iron Fish 啟發，Cynthia 決定回港後推動社區計劃，令人關注城市營養不足的問題，尤其幫助有需要的小孩與長者。她正埋頭搜集資料，冀找出問題成因與

數據,「實習教曉我要找科學根據,才能令計劃有成本效益。」解決問題不單靠教育市民,她意會到有了科學根據與數據,才不會浪費資源,也更有「牙力」遊說立法機關與政府,爭取更多資源,真真正正改變社會。

毅然申請休學年 赴世衛實習

短短一個月的相處,她欣賞 Gavin 願意聆聽意見,不斷鼓勵團隊有創新思維,推動社企成功,「一個成功的領袖應該如此。」她形容這是「改變生命的經驗」,讓她更明白自己的長處在於創業與研究,希望再加以發展潛力。去年她向學校申請為期一年的休學年(gap year),遠赴位於日內瓦的世界衛生組織實習半年,主要與成員國合力推動非傳染性疾病的健康素養(health literacy),冀做更多公共衛生的倡議工作。

走在杏林路上,與其把自己定型,Cynthia 更希望活在當下,時刻思考如何善用長處助人,也從不劃地自限,相信自己有無窮潛能與可能性,「現在最重要是用心做好每一件事。」

想多一點點

根據世衛今年發布的 10 大公共醫療威脅，首 5 位分別是空氣污染及氣候變化、非傳染病類疾病、全球流感大爆發威脅、抗生素抗藥性和天災戰亂飢荒。

我們身在香港這塊福地，雖沒有戰亂飢荒，但仍面對空氣污染和氣候變化等威脅。每次流感季節都癱瘓本港的醫療體系，病房通道亦被病床淹沒，醫護筋疲力竭亦是公共醫療威脅。

面對種種國際醫療挑戰，我們是否就束手無策？

對你而言，香港面對最大的公共醫療威脅是甚麼？

有何可改善本港，甚至世界有關情況的事情，可以由你我做起？

跳出井底，冀以生命教育別人

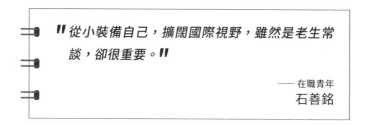

> **從小裝備自己，擴闊國際視野，雖然是老生常談，卻很重要。**
>
> —— 在職青年
> **石善銘**

不少人為了生計奔波，疲倦得忘記對世界的熱誠，29 歲的石善銘（Tindoe）卻從未言倦，時常提醒自已，要繼續探索世界，令自己成為更好的人。其實約 10 年前，他曾經只是井底之蛙，直至大學出走，才發現天闊地厚。在探索世界的旅途上，他發掘自己的價值，希望繼續啟發更多人。

大學參加交流 發現自己活在井底

Tindoe 在一間普通中學成長，度過平凡童年，對人生從沒太多思考。直至升上大學，修讀市場學的他才走出成長地，參與海外交流及社會服務，曾到韶關義教，亦參加領

袖活動，結交來自五湖四海的人。此時，他才赫然發現自己過往一直活在井底，「從小裝備自己，擴闊國際視野，雖然是老生常談，卻很重要。」

四出參加活動，令 Tindoe 見識到天外有天，「若我小時候曾參加青協活動或領袖訓練，相信已對我的成長有很大改變。」他透過活動，也漸漸發掘到自己的長處，「很多年輕人可能對自己沒有自信，但我覺得每個人都有值得被重視及學習的地方，若仍未找到自己的價值，就參加更多活動，先學會欣賞別人，慢慢便會發掘到自己被欣賞的地方。」

▼ Tindoe (左一) 與哥倫比亞的學生在飯堂用餐，從中分享兩地文化的大不同。

投身職場熱情未倦 繼續參與社會服務

大學畢業後，Tindoe 從事市場推廣，工作雖然帶來滿足感，但他不甘於生活形式單一。當身旁不少朋友為工作打拼，對世界的熱情漸漸褪掉，放假時再無心力參與義工或服務，他仍堅持參加活動，不斷探索世界，並與其他同道中人繼續投身青年事務，服務社會。

去年 Tindoe 在工作上感到停滯不前，渴求新刺激，於是辭工。機緣巧合下，他報名參加青協領袖學院 Leaders To Leaders 海外學徒計劃。修讀西班牙文的他對南美洲較有興趣，最終如願獲選到哥倫比亞實習三星期。

Tindoe 去年 10 月遠赴哥倫比亞，前往社企 Biz Nation 共同創辦人 Karen Carvajalino 家族經營的 Cartagena International School 實習。當地鮮有華人的面孔，當地學生對香港與中國文化充滿神秘感。他在學校的角色儼如文化大使，在早會或課堂推廣香港及中國文化，教導學生廣東話及寫揮春。學生總是對學習充滿熱情，也常主動擁抱他，彼此毫無隔閡。

哥倫比亞學校教授創業　擴闊學生視野

此行最令 Tindoe 大開眼界，是該學校推崇不一樣的教育，讓學生自小學習創業，不只是從課本汲收知識。學生不只在校內學習營商技巧，亦會落地實戰，例如撰寫營銷計劃書、設計網站、為貨品上架，「香港大部份中小學是不會學創業，他們卻已行前一步。他們都需要考試，但學校同時卻將寶貴的時間讓學生學習做生意。」Tindoe 有感而發地說。他深深體會到體驗式教學，能夠擴闊學生的視野，「若要推行計劃影響別人，必須從小做起，才能根深蒂固，真真正正影響一個人。」

▲ 哥倫比亞的學校在早會時播放介紹香港的短片，學生們非常投入地觀看。

遊歷哥倫比亞期間，Tindoe 常以相機記錄大街小巷的風景，發現當地人生活節奏緩慢，大多數人不會低頭用電話，反而抬頭欣賞四周的美好。相反，港人卻總是低頭，不關心周遭事物。回港後，他投身另一份市場推廣的工作，但仍不忘在社交媒體上載照片與文字，希望喚醒更多港人關心社區。他長遠計劃鼓勵更多中小學生以攝影作為媒介，關心與認識社區。

▲ Tindoe（右二）與哥倫比亞學校飯堂的職員道別時，教對方書寫「福」、「多謝」等中文字，彼此祝福及道謝。

回望生命軌跡，Tindoe 參加不少教育活動，但他沒打算成為老師，亦深信教育不限於課室，各人都能以生命教育別人，「我相信每個人都應該啟發別人，啟發別人已是一種教育，不論是分享個人經歷，或參加領袖活動，再影響自己及其他人。我相信人要不斷令自己變得更好，裝備自己。」

想多一點點

香港是個金融中心，亦是個集美食和購物於一身的國際大都市，很多人慕名而來感受這顆東方之珠的魅力。

對你而言，怎樣才能體現香港的國際面貌？

香港最令你引以為傲的是甚麼？

若有機會出外交流或在港接待海外人士，你會如何向他們推廣香港文化？

環球領航

日出日落，時間悄悄地流走⋯⋯

在世界的某一角，有一班國際青年領袖，

受著成長經歷及社會問題所觸動各有呼召，

默默地克服難關，突破社會想像，

以創新方式改變世界，

冀啟發更多人成為改變者。

愈年輕探索世界，
愈有能力改變世界

> **❝ 我認為讓年輕人愈早探索世界，體驗與別不同的事情，他們成長後愈會得到更好的機會，更會有能力成為改變社會的世界領袖。❞**
>
> —— 哥倫比亞社企「The Biz Nation」共同創辦人
> Karen Carvajalino

一個 8 歲的女孩，未有安坐在課室，卻是拿著父母的少許資金創業，在哥倫比亞四處叩門售賣朱古力。經營生意不單為小妮子帶來人生第一桶金，更教曉她創業精神與人生哲理，是她童年最美好的課堂，徹底改變其生命。懷著與眾不同的視野，Karen Carvajalino 轉眼成為世界青年領袖，創辦社企推廣網上課程，為家鄉與落後國家改善教育機會，也四出鼓勵年輕人及早探索自我，抓緊機會改變自己與世界。

兒時創業賣朱古力 童年最好的課堂

出身小康之家的 Karen，在家庭經營的國際學校接受非主流教育，自小學習做生意。Karen 於 8 歲時與兩姊妹

以父母的資金，購買材料製作朱古力，再鼓起勇氣到鄰居逐家逐戶兜售。初生之犢，無懼創業過程中碰釘，除了以汗水換來人生第一桶金，她獲得的卻是遠超想像，學會自信地演講，建立人際網絡，更懂得在挫敗中堅持。「做生意是我童年最好的遊戲，最好的課堂，對我有重大改變。」Karen 說，「不單止是賺錢，更學習到各種技巧，慢慢發掘與發展自己的能力，然後去改變世界。」

父母帶領 Karen 三姊妹，走上截然不同的成長路，令她們成為與別不同的人。年月過去，3 人年僅廿多歲，卻已是哥倫比亞的知名創業家，四出以激勵人心的演講，鼓勵他人創業追夢，觸碰不少人的生命。不過她們漸漸發現單靠鼓勵，不足令人踏出一步，創業或成立企業，遂於 2016 年成立社企 Biz Nation，透過網上課程傳授創業與營商技巧，幫助有需要的人。

▲ Karen 去年應青協領袖學院的邀請來港和本地學生及職青分享創業經歷。

網上課程助創業　冀年輕人創造工作

Karen 有感當地基層孩子缺乏教育機會，面對失業率高企，工資低，世界急速轉變，難以向上流，「世界正在轉變，使用科技也很重要，傳統工作會逐漸被取代，我們不能無視這種變化。」曾經有一位 17 歲男孩，缺乏技能，無法找到工作，報讀 Biz Nation 的網上課程學習使用社交媒體，最後創出一番事業，為餐廳、髮廊等商鋪管理社交媒體，「我們希望教導年輕人學會創業，將來由他們親手創造工作。」她說。

Karen 不時到世界各地參與領袖活動，去年她來港參加青協 Leaders To Leaders 計劃擔任嘉賓講者，與香港學生與職青分享經歷，「青協有能力集合一群人，透過與別不同，而且非常創新的活動，令年輕人樂在其中。」不只是舉辦傳統講座，更有多元化的工作坊。自小已突破社會想像的她，鼓勵香港青年踴躍參加領袖活動，「你將會在這些活動探索自我，發掘到無窮機會。」

去年，3 位本地青年參與青協領袖學院 Leaders to Leaders 海外學徒計劃，到哥倫比亞跟隨 Karen 學習。她直言，深深感受到香港年輕人的熱情，「看得出他們很想透過不同方法去改變社會，很願意去試新事物，對世界發生的事情很感興趣。」Karen 昔日從創業學習到各式各樣人生技能，包括溝通、合作、慎思明辨與創意的「四大技能」。「不論你做甚麼，這四種技能在人生都很重

要，會讓你變得與別不同。」她不但到當地實習的「學徒」。
她鼓勵年輕人發展「四大技能」，亦深信香港作為國際城
市，有足夠土壤孕育創業家及改變者。

▼ Karen（持咪者）以不同類型的活動與觀眾互動，從而分享「企業家思維」，鼓勵大家工作時可為社區以至全球作出貢獻。

▲ Karen（左一）在 Leaders To Leaders「與領袖對話」的活動裡，於摩天輪上與年輕人對話，深入交流。

「父母是我的一切，我的生命因為他們而改變。」回望童年，Karen 對父母的開明及創新教育方式，滿懷感激，希望有更多家長願意放手讓子女體驗課堂以外的事物，「我認為讓年輕人愈早探索世界，體驗與別不同的事情，他們成長後愈會得到更好的機會，更會有能力成為改變社會的世界領袖。」

想多一點點

許多人選擇創業，往往是因為想擺脫打工生涯的不由自主，想自己對工作有完全的自主權。但不論事業漸入佳境或面對無限挑戰，就發現自己比打工生涯更忙、更累、更身不由己，因為事無大小的業務都要你跟進。

面對打工和創業的兩難，你會如何選擇？為甚麼？

有別於一般「打工仔」，你有想過創業／成立機構／組織去貢獻社會嗎？

如有機會創業，你想創辦甚麼類型的業務？為甚麼？

文化衝擊，反激發創意推體驗式教育

> **年輕人探索與思考後，最重要是以行動去改變社會。如果每一個人都做好的事情，這個世界會變得更美好。**
>
> —— 台灣社企「城市浪人」創辦人
> 張希慈

參加青協龍傳基金，在計劃中接觸 100 位來自世界各地的優秀青年，為張希慈（Anny）帶來不少衝擊，再加上大學的經驗，讓她學習如何享受走出舒適圈，探索未知的世界。

大學四年級一堂課，啟發了 Anny 舉辦流浪挑戰賽，帶台灣年輕人走出四面牆的課堂，在迷惘的人生找到自我。她把年少輕狂的構思，落地實踐，如今成為台灣體驗式教育最標誌的社會企業「城市浪人」，至今已鼓勵逾萬名年輕人體驗世界，「年輕人探索與思考後，最重要是行動，去改變社會，如果每一個人都做好的事情，這個世界會變得更美好。」

近年台灣年輕人常被稱為「厭世代」，源自他們總是對世界很負面，缺乏自信，不相信自己能夠改變世界。28 歲的 Anny 早於高中就意識到要思考未來，參加活動與義工，試圖找到自己的身分，「年輕人愈早找到答案愈好，去參加交流與體驗，了解自己長處和喜歡做甚麼。」她對社會問題有興趣，於是大學修讀社會學。身旁有朋友年紀輕輕，已開始以眾籌與社會創新的方式助人，「領袖不只是知道自己想做甚麼，而是要為社會解決問題。」

赴北京當交換生　體驗世界突破自己

Anny 大學四年級時離開熟悉的家鄉，到北京大學當交換生。她嘗試到當地其他大學上課，體驗不同文化，也開始一個人旅遊，在內地流離浪蕩，與陌生人攀談。回去台灣之後，有一次課堂要求學生構思一個解決社會問題的計劃。她有感年輕人不太了解自己與關心社會，於是設計流浪挑戰賽。挑戰賽以 3 人為一組，完成 30 個任務，如訪問長者、免費擁抱或清理街頭垃圾，「讓他們認識自己，與人分享和關心社會。」

Anny 眼中的台灣，世代價值觀轉變巨大，也面對產業轉型，「以前的人覺得賺錢多就是等於成功，但現在不是這樣，是我能做些甚麼，我能不能成為自己想成為的大人。」然而，她覺得台灣的教育制度，不太關心年輕人的

自我實現,「重視考試主義,用同一個教育方式,不容易令年輕人成為與其他人不一樣的人。」

成立城市浪人 冀年輕人走出舒適圈

為了讓年輕人找到自己,走出舒適圈,她與同學在大學 5 年級創業,正式成立「城市浪人」,把課堂的構思帶到社會。萬事起頭難,起初 Anny 遇到不少挫敗,頭一年幾乎沒有收入,兼顧研究、業務發展、宣傳、演講等大小事宜,「甚麼都要懂,沒有人會幫你。」她曾經質疑自己不適合,一度想放棄,但參加者的真誠分享卻令她堅持下去。有年輕人曾告訴她,挑戰賽令他們覺得自己更勇敢,也意會很多小人物與故事值得關心,「我覺得是令他們更有同理心,更有愛,更有好奇心去了解世界。」眼見年輕人的成長,「我覺得城市浪人需要存在,它是我很想做的事情。」

經歷 6 年的跌跌撞撞,如今 Anny 已成為台灣體驗教育的標誌人物,25 歲時更獲選「福布斯亞洲 30 歲以下傑出創業家」。「同理心、好奇心、互動能力、溝通技巧、解決問題的能力很重要,不是上一堂課就學到。」她期望體驗式教育有天能遍地開花,鼓勵家庭讓孩子探索,也希望學校多安排學生參加交流與活動,「所有人都有社會責任,讓年輕人有平等機會去學習、思考和探索世界。」

▼ Anny去年來港，與青年分享成立「城市浪人」的經歷。

嘆港青對未來想像較窄　追夢成本高

Anny 是青協 Leaders To Leaders 海外學徒計劃的導師之一，去年有港青赴台跟隨她工作，近距離接觸社會創新的運作，也從台灣社企學習，「我們沒有資源，沒有人，也沒有錢，一開始看起來似是不可能的事情，但我們慢慢也做得到。」她認為計劃讓年輕人了解創業真實一面，但同時給他們勇氣去改變社會。她慨嘆香港擁有不少資源，創業環境不錯，但社會較重視金錢，令年輕人對未來的想像較窄，生存壓力也比台灣大，追夢機會成本高，「要突破社會的想像更難。」

「不要活著讓自己後悔，該花時間了解與探索自己喜歡甚麼，想做甚麼，找到自己長處。社會領袖很重要，找到生命最重要的使命，做好的事情幫助世界。」Anny 以自身經歷鼓勵年輕人，「年輕人探索與思考後，最重要是行動，去改變社會，如果每一個人都做好的事情，這個世界會變得更美好。」

▲ Anny 獲青協領袖學院邀請，於環球論壇中與「和平號」參加者分享體驗式教育經驗。

想多一點點

社會參與 / 參與社會（community engagement），以關注全球永續發展為目標，並透過參與社會活動，培養世界公民素養，藉此看見社會需求。

對你而言，有勇氣參與流浪挑戰賽嗎？不如以行動實踐，試做以下的行動：

1. 與街上的陌生人分享食物，並彼此分享大家的故事。
2. 邀請身邊五位未曾捐血又健康的朋友，說服他們捐血，延續更多人的生命。
3. 來一個素食周，吃得清淡一點，不但推動環保、低碳，更能減減磅，令生活更健康。

「鐵」定心腸，助落後地區貧血問題

> **每個人都有能力成為改變者。我透過創業推動社會改變，過程很艱辛，但不要放棄，因為當你見到自己為世界帶來的影響時，你便會覺得很值得。**
>
> —— 加拿大社企「Lucky Iron Fish」創辦人
> Gavin Armstrong

全球約 20 億人長年飽受缺鐵之苦，貧窮婦女與孩子尤甚。2012 年，一條比掌心細小的鐵魚，以簡單廉價方法為各地人民補鐵，成功掀起一場營養革命。背後推手，32 歲的加拿大設計師 Gavin Armstrong，創辦社企 Lucky Iron Fish 的過程歷盡艱苦，由最初向婦女介紹鐵塊時遭嘲諷，一步步堅持下去，至今天逾 80 萬人受惠。Gavin 滿足地說，「每個人都有能力成為改變者。我透過創業推動社會改變，過程很艱辛，但不要放棄，因為當你見到自己為世界帶來的影響時，你便會覺得很值得。」

非洲之旅喚醒自己解決世界營養問題

大學修讀財經的 Gavin，一直有意創業，但年少時從不覺得自己有能力經營公司，更遑論改變世界。直至 2006 年大學一次旅程，徹底改變他。當年他遠赴非洲博茨瓦納（Botswana），首次近距離接觸貧窮與飢餓問題，「這次旅程喚醒了我，令我知道需要離開舒適圈，解決世界問題。」自此，他熱衷參與活動與研究，冀改變世界飢餓與營養不良的問題。

早於 2008 年，碩士生 Christopher Charles 到柬埔寨研究，留意到當地人缺鐵貧血，導致頭暈、長期虛弱、頭痛等，對此大感震驚，遂研究在煮食加入鐵塊，為有需要的人補充鐵質。直至 2012 年，當 Gavin 修讀生物醫學博士學位時，再以此為論文題目，著手研究鐵塊補鐵質的成效，思考如何將研究成果落地實踐，正式創立 Lucky Iron Fish 社會企業。

曾遭婦女拒用 翻覆改良成鐵魚

Gavin 憶述，起初團隊滿心歡喜地把黑漆漆的鐵塊帶到柬埔寨村落，鼓勵村民煮食時加入鐵塊，詎料換來婦女冷眼，批評鐵塊猶像垃圾，拒絕使用。團隊經過反覆研究，改良設計，最後把鐵塊改成魚的形狀，終獲得當地人

歡心，全因魚在柬埔寨象徵幸運。靈活變通是營商之道，團隊為了迎合印度的素食人士，也將鐵塊改為葉的形狀，擴展市場。

▼ Gavin 藉著分享他的故事，鼓勵年輕人認識世界，以行動改變社會。

▲ Gavin（右）與青年分享其創業理念及經歷。

一般人為補充鐵質，會購買口服藥物，但發展中國家的人難以負擔，鐵魚成為便宜的選擇。一條鐵魚售價 25 美元，壽命可長達 5 年。平日只要將鐵魚放在熱水煮 10 分鐘，加入 2 至 3 滴檸檬汁，有助鐵質揮發，便可釋放 6 至 8 毫克鐵質，提供成人每日所需 75% 的鐵質。產品成功令柬埔寨人民改善身體，減少頭暈或暈倒，不少婦女更因身體健康改善，而開始可外出工作。為了令鐵魚更普及，Gavin 後來展開「買一捐一」模式，向有需要的人捐贈鐵魚。

Gavin 憑著 Lucky Iron Fish，2016 年獲選為「福布斯 30 歲以下傑出創業家」。業務穩步上揚，他認為不單是靠一人努力，領袖要持開明態度，聆聽團隊意見，共同為目標奮鬥。他寄語年輕人多參與義工與領袖活動，「你永遠不會獨自經營生意，成功是講求團隊合作，及早建立人際網絡，出外認識更多人，對你的未來會很珍貴。」

世界全球化 寄語年輕人認識世界問題

Gavin 是青協 Leaders To Leaders 海外學徒計劃的師傅之一，本港醫科生 Cynthia 去年到加拿大跟隨他實習，協助市場規劃、設計等工作，更研究開拓香港市場，至今仍繼續為 Lucky Iron Fish 工作。他認為計劃獨特之處，在於給予香港青年寶貴機會踏出家鄉，認識世界各地的問題，啟發他們將關懷轉化成為助人的力量，「希望年輕人會投入改變社會，我們正活在全球化的世界，必須認識世界的問題，再學習與別人合作解決這些問題。」

去年夏天，Gavin 更來港參加 Leaders To Leaders 活動，除分享創業心路歷程，亦與年青廚師合辦工作坊，示範以鐵魚烹調的菜式。香港學生年紀輕輕，但經常發問，處處流露熱誠，令 Gavin 驚訝，「活動讓年輕人與推動世界改變的人會面，幫助他們認識社企的挑戰，亦會鼓勵他們未來行動。」

小小的鐵魚至今已游遍世界各地，眼見產品改善不少人健康狀況，Gavin 深深感動，「創業是很艱辛的事情，但不要放棄，當你見到你為世界帶來的影響時，你便會覺得很值得。」

想多一點點

本港及世界各地有不少肯定傑出青年工作的獎項。青協亦設有《香港青年服務大獎》，旨在表揚以香港為家，持續以捨己為人的精神，透過具體行動服務香港社群的青年；鼓勵並啟發更多青年以得獎者為榜樣，勇於為香港未來作出承擔。

對你而言，有甚麼可以驅使你持續地去服務社群？

「服務社群」對你的意義又是甚麼？

結語

學海無涯，世界是個無窮無盡的知識海洋。
讓青年如海棉般，裝備他們勇敢踏出課室，
向世界學習，並積極回饋，
再協助培育他們成為傑出的領袖，
在不同角落領創新天。

香港青年協會

(hkfyg.org.hk | m21.hk)

香港青年協會（簡稱青協）於 1960 年成立，是香港最具規模的青年服務機構。隨著社會不斷轉變，青年所面對的機遇和挑戰時有不同，而青協一直不離不棄，關愛青年並陪伴他們一同成長。本著以青年為本的精神，我們透過專業服務和多元化活動，培育年青一代發揮潛能，為社會貢獻所長。至今每年使用我們服務的人次達 600 萬。在社會各界支持下，我們全港設有 80 多個服務單位，全面支援青年人的需要，並提供學習、交流和發揮創意的平台。此外，青協登記會員人數已達 45 萬；而為推動青年發揮互助精神、實踐公民責任的青年義工網絡，亦有逾 20 萬登記義工。在 **「青協 ‧ 有您需要」** 的信念下，我們致力拓展 12 項核心服務，全面回應青年的需要，並為他們提供適切服務，包括：青年空間、M21 媒體服務、就業支援、邊青服務、輔導服務、家長服務、領袖培訓、義工服務、教育服務、創意交流、文康體藝及研究出版。

青協網上捐款平台
e·Giving
giving.hkfyg.org.hk

香港青年協會領袖學院簡介

香港青年協會領袖學院座落於三級歷史建築前粉嶺裁判法院，以優質、富系統及前瞻性的領袖培訓服務，培養和訓練本港高質素的青年領袖人才。

青協自 2000 年起推動青年領袖培訓，曾為本港超過 15 萬名學生領袖提供多元化培訓、交流項目，以及開拓視野的機會。領袖學院設有五個院校，重點培訓領袖技巧、提升傳意溝通、加深認識國家發展、開拓全球視野，以及推動社會參與。

秉承過去 20 年的青年領袖培訓經驗，領袖學院將承先啟後，為本地青年注入動力，提供更全面及多元化的培訓項目和機會。培育他們成為重視道德責任及公民意識的領袖，奉獻己力，從而建構一個共融、有凝聚力的領袖群體。

向世界學習

出版： 香港青年協會
訂購及查詢： 香港北角百福道 21 號
香港青年協會大廈 21 樓
專業叢書統籌組
電話： (852) 3755 7108
傳真： (852) 3755 7155
電郵： cps@hkfyg.org.hk
網頁： hkfyg.org.hk
網上書店： books.hkfyg.org.hk
M21 網台： M21.hk
版次： 二零一九年七月初版
國際書號： 978-988-79950-5-0
定價： 港幣 100 元
顧問： 何永昌
督印： 魏美梅
編輯委員會： 黃好儀、陳苡祈、曾映妹
執行編輯： 周若琦
撰文： Alpha
設計及排版： loka、Freepik.com
製作及承印： 活石印刷有限公司

From Local to Global – Leading Changes

Publisher: The Hong Kong Federation of Youth Groups
21/F, The Hong Kong Federation of Youth Groups Building,
21 Pak Fuk Road, North Point, Hong Kong
Printer: Living Stone Printing Co Ltd
Price: HK$100
ISBN: 978-988-79950-5-0

青協 App
立即下載